Institutos

Leticia Suárez del Cerro

CURSOS DE MODELADO EN PORCELANA FRÍA

SEDE CENTRAL CASEROS
Directora General y de Enseñanza:
Leticia Suárez del Cerro

Andrés Ferreyra 2594
Teléfonos: 4716-2420
info@suarezdelcerro.com.ar
Facebook: Leticia Suárez del Cerro - Instituto Caseros
Seminarios y perfeccionamientos dictados por Leticia.
Profesorado con títulos otorgados y avalados por Leticia Suárez del Cerro.

SUCURSAL CABALLITO
Directora: Margarita Suárez del Cerro
Del Barco Centenera 295 1er piso
Teléfonos: 4902-5917
caballito@suarezdelcerro.com.ar
Facebook: Instituto Leticia Suárez del Cerro - Sucursal Caballito

INTERIOR DEL PAIS
CÓRDOBA
Organizadora: Verónica Anabella Alcántaro
Dirección: Madre Pastorino 3075
Barrio Villa Corina - Córdoba Capital
Teléfono: 0351-479-2258   0351-15-632-7741
email: nael@live.com.ar
Facebook: Naeli Creaciones
CATAMARCA
Organizadora: Liliana Edith Lobo - "Taller encantada"
Dirección: Av. Juan Pablo Vera 95 - Capital - Catamarca
Teléfono: 03834-440-772 | Celular: 03834-15-567-411
email: lililobo68@hotmail.com - lalylobo@yahoo.com
TUCUMÁN
Organizadora: María Angela Pastorini "El taller de Marietta"
Dirección: B° 200 Viviendas de Viluco Mna. "A" Casa 32 -
Tucumán Teléfono: 0381-400-5379
Celular: 0381-15-445-2539
email: mpastorini22@yahoo.com.ar | marietta2275@yahoo.com.ar
facebook: Marietta porcelana fría
ROSARIO
Organizadora: Patricia Aguirre - Taller Soles
Dirección: Triunvirato 440 (ex 540) Rondeau al 200
Teléfono: 0341-454-9496 | Celular: 0341-15-606-1505
email: yo_pato15@hotmail.com | tallerdossoles@hotmail.com
PEHUAJO
Organizadora: Marisol Giannotti
Dirección: Clemente Grand 880 - Pehuajó, Prov. de Bs. As.
Teléfono: 02396-475-490 | Celular: 02396-15-622-592
email: marigiann@hotmail.com | facebook: Marisol Giannotti
SAN JUAN
Organizadora: Cecilia Leonor Quiroga
Dirección: Coronel Guerrero 258, Villa San Martín, Albardón, San Juan
Teléfono: 0264-491-2325 | Celular: 0264-15-509-7905
email: quirogacecilialeonor@live.com
facebook: Cecilia Quiroga
MENDOZA
Organizadora: Adela Berrondo "Taller Locas Artesanías"
Dirección: Barrio In-me M. L. Casa 6 - El Challao - Las Heras
Mendoza Teléfonos: 0261-444-4186 | 0261-15-557-5562
email: duque-002@hotmail.com | facebook: Adela Berrondo
LA PAMPA
Organizadora: María Eugenia Italiani y Marisol Ginnotti
Dirección: González 334 - Santa Rosa - La Pampa
Teléfonos: 02954-430598 | 02396-15-622-592
Email: marigiann@hotmail.com
Facebook: Marisol Giannotti

Participan en esta edición

NANCI ARRÚA
Profesora Instituto
Sede Central Caseros

MARIANA SERANTES
Profesora Instituto
Sucursal Caballito

SOLEDAD QUIPILDOR
Profesora Instituto
Sede Central Caseros

ALEJANDRA DOMINGUEZ
Profesora Instituto
Sede Central Caseros

ADRIANA GARIFO
Profesora Instituto
Sucursal Caballito

Editorial

¡Hola chicas!

¡Sí, por fin ya salió la revista! Fueron muchísimas las que nos preguntaban: "¿cuándo sale la revista de este año?"

¡Gracias por esperarnos con tanta ansiedad y el cariño de siempre!

Estuvimos ideando un nuevo proyecto que les sea útil a todas ustedes. Y resultó este número perfecto para las que adoran los suvenires y los adornos de tortas. Este año nos dedicamos exclusivamente a cumplir con sus pedidos y necesidades. Por esa razón, en este número publicamos nuevamente mi muñequita "Mini Leti" que tanto me piden.

Además, tengo el gusto de incorporar en la revista a mis queridas Profesoras de los Institutos de Caseros y Caballito para compartir con ustedes el trabajo que en ellos realizamos y poder así ofrecerles valiosas y renovadas ideas.

Como siempre el objetivo de la revista sigue siendo ayudarlas a aprender a modelar, a crecer en sus emprendimientos, siempre disfrutando de hacer lo que nos gusta.

Gracias a la Editorial Evia por confiar siempre en mí, a mi equipo de Profesoras y sobre todo a ustedes que me brindan su amor año tras año.

Con el cariño de siempre,

Leticia ♡

LETICIA SUÁREZ DEL CERRO

Directora General y de Enseñanza
SEDE CENTRAL CASEROS

Generalidades **básicas**

La porcelana fría es una masa dúctil que se seca al aire libre. se la debe conservar en lugares frescos y oscuros, dentro de bolsitas o frascos herméticos (siempre separada por colores). dura dos meses aproximadamente y la consistencia de la masa debe ser similar a la de la plastilina.

Teñido **de la masa**

• Se puede dar color a la porcelana fría con óleos, colorantes vegetales, témperas y acrílicos. Tener en cuenta que los dos últimos son pinturas a base de agua y no al aceite, de modo que es recomendable utilizar para teñir colores muy claros, colocando una pequeña cantidad del producto.
• Es aconsejable teñir con pocas cantidades de pintura y si es necesario intensificar el tono volver a colocar el color y mezclar nuevamente, ya que si el resultado es muy oscuro se necesitarán grandes cantidades de masa natural para aclararla.
• Tener en cuenta que una vez que se seca la porcelana el color se oscurece, por este motivo teñir un tono más bajo al que se desea como resultado final.

Forrado **de esferas con prolongación**

• Forrar una esfera de telgopor hundiendo la misma en una porción de masa dos veces mayor al volumen de la esfera.
• Subir la masa dejando una capa fina alrededor de la esfera; buscar la forma de la misma por debajo de la masa de manera que se note bien la redondez de la esfera.
• Con el resto de la masa realizar una prolongación a modo de rollo (su largo va a depender de la figura que se va a modelar). Presionar el sobrante de masa afinándola para que no queden imperfecciones en el corte.
• Mediante esta técnica podremos realizar cuerpos, cabezas, frutas, verduras y diversos objetos.
La esfera de telgopor nos ayuda a dar formas perfectamente redondas y a alivianar el modelo terminado. Podemos encontrar gran variedad de tamaños de esferas.

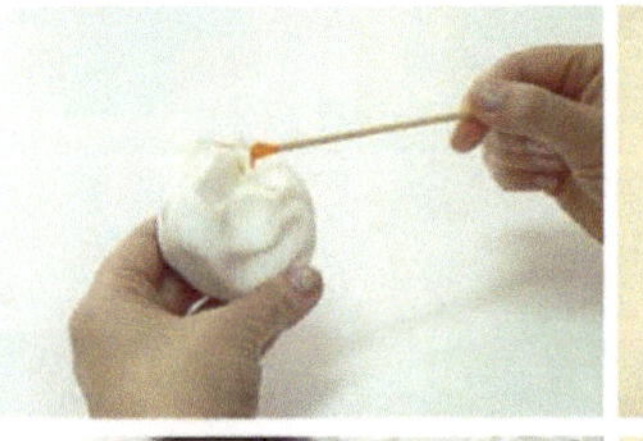

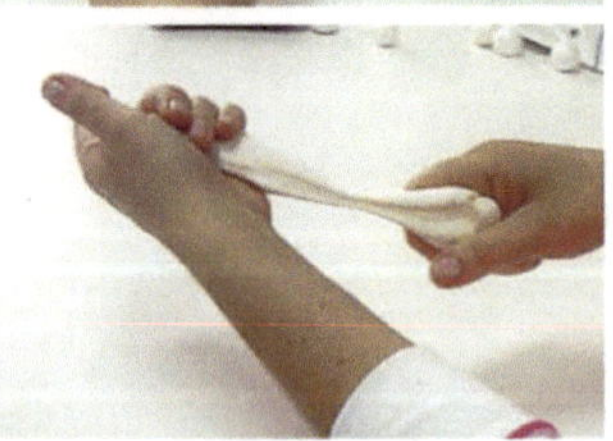

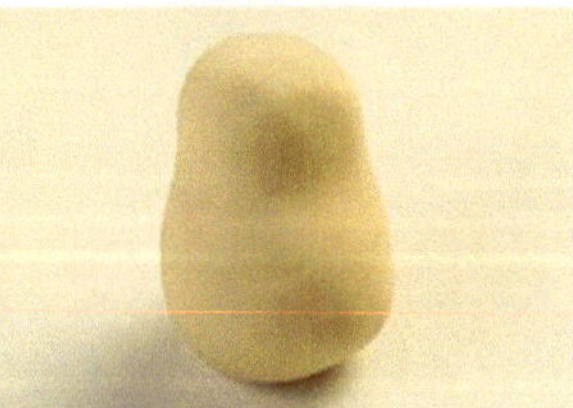

Modelados **de manos**

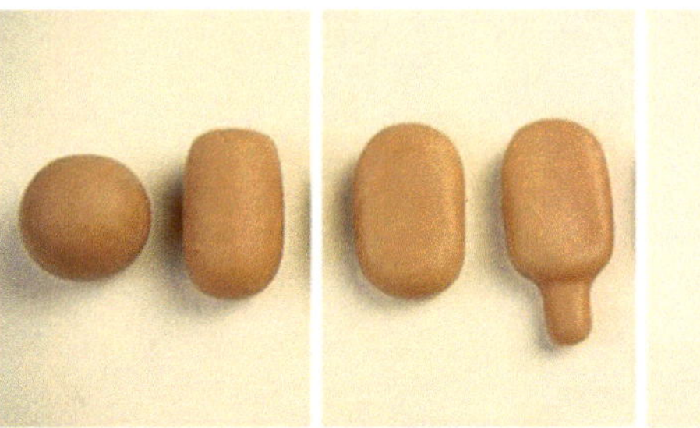

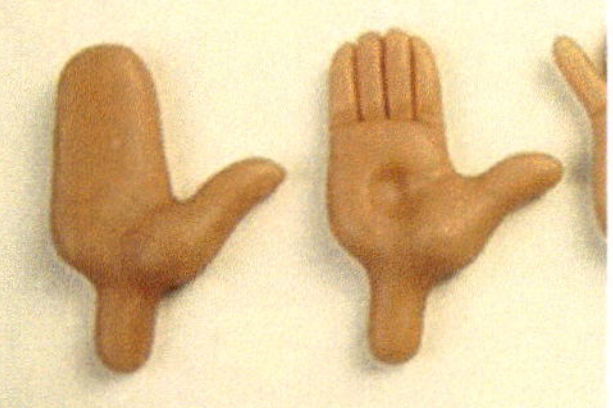

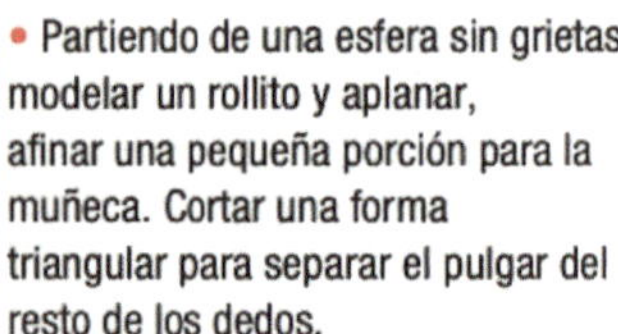

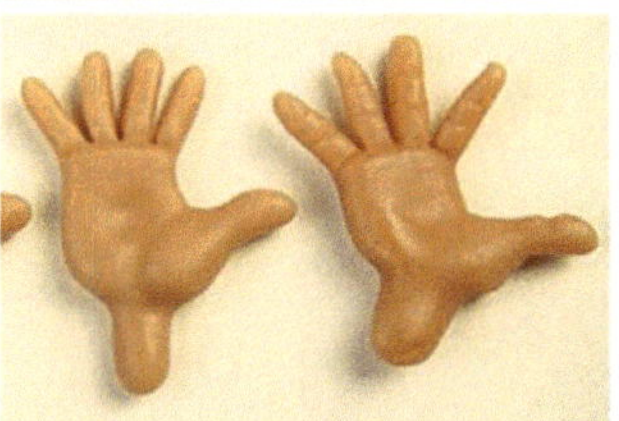

• Partiendo de una esfera sin grietas modelar un rollito y aplanar, afinar una pequeña porción para la muñeca. Cortar una forma triangular para separar el pulgar del resto de los dedos.
• Redondear el corte y dar forma al pulgar abarcando la palma hasta la muñeca. Hundir el centro de la palma con un bolillo, y realizar una leve curva descendente para el nacimiento de los dedos restantes. Cortar los dedos, separar y redondear. Marcar las falanges con una esteca de filo.

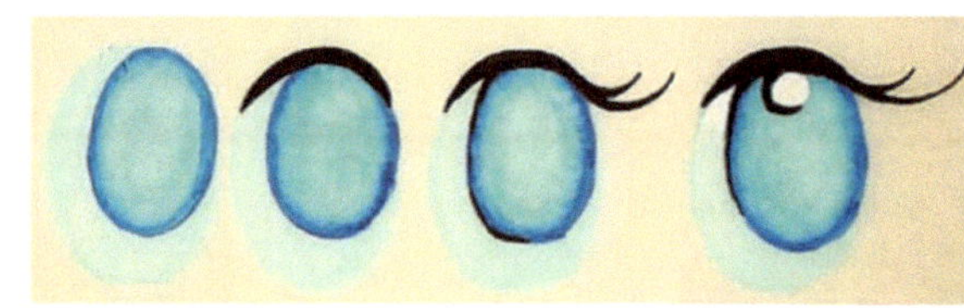

PINTURA DE OJOS

• Pintar un óvalo con marcador celeste muy claro pintando su interior. Con un azul oscuro dibujar un óvalo por dentro que sea más pequeño al de la base clara; orientarlo hacia la derecha o la izquierda, según la dirección de la mirada.
• Con el marcador celeste claro esfumar el azul hacia el interior del óvalo obteniendo la mezcla de ambos tonos. Con una microfibra negra realizar una curva en la parte superior del ojo; engrosar con nuevos trazos en su parte media dejando los extremos finos a modo de medialuna.
• A continuación dibujar dos pestañas, una más larga que otra.
• Con una microfibra blanca iluminar la mirada realizando un punto en la parte central y superior del óvalo oscuro (pupila del ojo). En el ángulo superior del óvalo claro rellenar con blanco y esfumar hacia abajo con una fibra gastada, que no contenga tinta.
Por último delinear con negro el punto blanco y el óvalo oscuro para obtener una mejor definición y contraste.

Modelado de cabeza básica

• Forrar una esfera de telgopor hundiendo la misma en una porción de masa (fotos 1, 2 y 3) utilizando la técnica del forrado de esfera con prolongación (página 4).

• Destacar la redondez de la esfera ubicada debajo de la capa pareja de masa (sector de la frente) para poder tomar recién ahí la medida de la misma y trasladar sólo la mitad a la prolongación (foto 4).

• Esta imagen muestra la mitad de la medida de la esfera trasladada a la prolongación. Hundir con el dedo para marcar el límite de la cara y así poder retirar el sobrante de masa (foto 5).

• Afinar sobre esta marca presionando hacia abajo con un dedo hasta cortar en la parte posterior (donde luego estará ubicado el cuello) sin que queden prácticamente marcas (foto 6 y 7).

• Redondear la zona del corte, dando forma de pera (foto 8).

• Para separar el cuello de la cara, dividir la zona recién redondeada por la parte inferior aproximadamente a la mitad del espesor de la misma (prolongación). Continuar marcando esta línea divisoria cara-cuello subiendo en ambos laterales hasta llegar a la esfera (que sería el cráneo). Esta marca separa el cuello por detrás de la cara, diferenciando la mandíbula inferior del mismo (fotos 9 y 10).

• Alargar el sector del cuello estirando la masa y afinando con los dedos hacia abajo a modo de rollo (foto 11).

• Evitar que la masa para realizar mejillas, nariz y boca quede apuntando hacia abajo, quedando así una forma de "trompa caída" muy separada de la frente; para ello, presionar este sector de masa hacia la esfera "compactando" la misma para que resulte un perfil delicado y respingado. Hacer presión constantemente en el límite donde termina la esfera y comienza la prolongación; este sector separa la frente redondeada (por la esfera que está debajo) de la zona del resto de la carita. Hundir imitando una "canaleta" en este sector divisorio en donde luego se dibujarán los ojos (foto 12).

• Para la nariz (foto 13), realizar una pequeña bolita de masa, dándole forma ovalada. Pegarla de manera apaisada y en el centro de la cara dejando para ambas mejillas la misma proporción de masa. Tener en cuenta que la nariz se ubica a continuación de la canaleta de los ojos; bien cerca de la frente.

• Con un bolillo chico realizar la boca (foto 14), hundiendo y bajando para formar el labio inferior. Con una esteca de punta curva marcarlo por debajo para definirlo bien (foto 15).

• Para el mentón (foto 16), dejar una pequeña porción de masa debajo de la boca y, con los pulgares, separar la misma de las mejillas redondeando siempre las formas con las yemas de los dedos.

• Modelar dos peritas pequeñas para las orejas y pegarlas en forma invertida a los lados de la cabeza. Con un bolillo chico ahuecar en el centro (foto 17).

• Una vez que la masa esté bien seca, luego de 24 horas, pintar los ojos y dar color a las mejillas con rubor o polvos tonalizadores (foto 18).

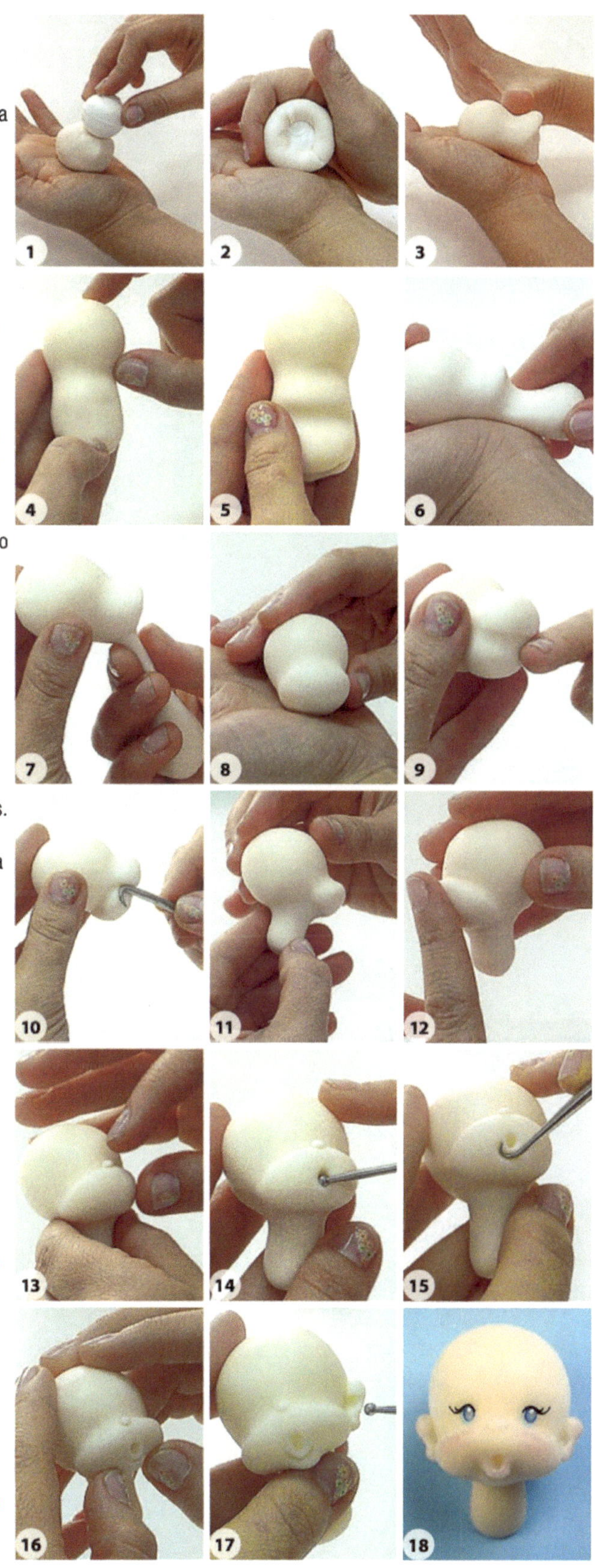

Mini Leti

Recordamos la muñequita de Leti para seguir creando y explorar nuevas opciones. Hacelas como souvenir en distintas posiciones para que le hagan compañía a tus amiguitas.

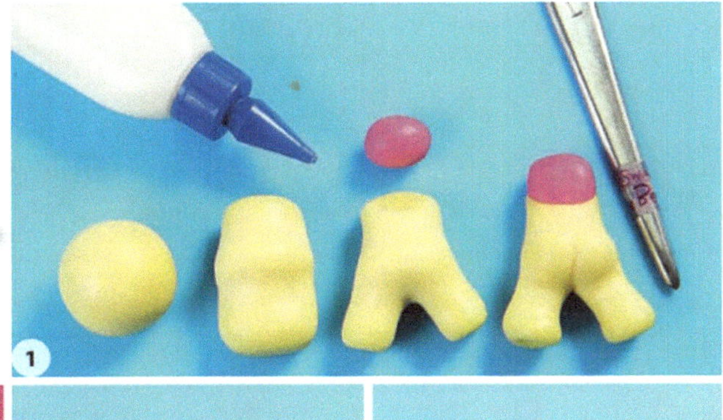

MATERIALES

- Porcelana fría: 200 g
- Óleos: amarillo, magenta y tierra de siena natural
- Témpera naranja flúo
- Esfera de telgopor N° 3
- Estecas
- Cola vinílica
- Palo de amasar
- Toallitas húmedas
- Moldes de caucho
- Marcadores

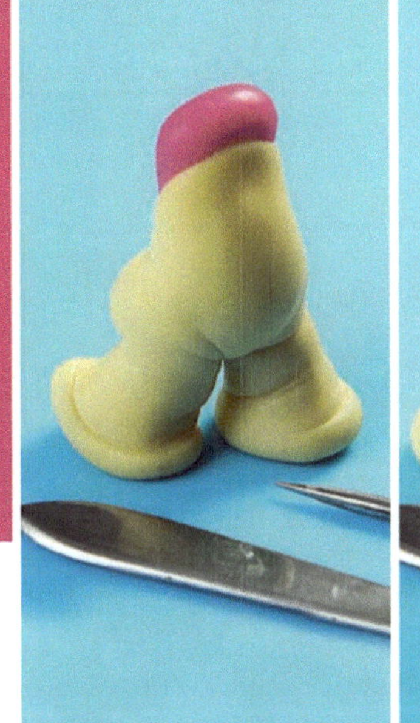

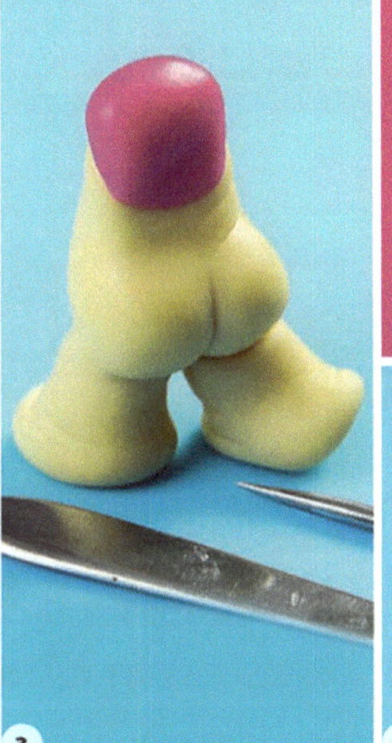

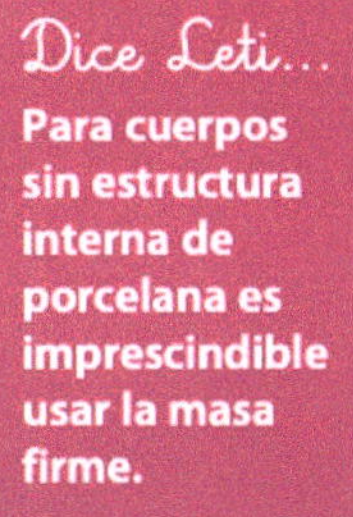

Paso 1I Modelar el cuerpo partiendo de una bolita, dividirla en tres partes dejando la parte superior para el torso. Dividir la parte inferior a la mitad para modelar las piernas del pantalón y en la parte del centro marcar la cola. Ahuecar un poco la parte del torso y rellenar con masa de otro color para simular la remera.

Paso 2I Marcar adelante la ingle, redondear la panza y realizar arrugas con una esteca curva. Suavizar los bordes y darles movimiento a las piernas.

Paso 3I Dividir el sector de la cola en dos y redondear muy bien. Ubicar las piernas en la posición deseada.

Paso 4I Cortar cintas para los tiradores y la pechera del enterito, y realizar corazones para decorar.

Paso 5I Modelar los deditos del pie partiendo de un rollito levemente inclinado, realizar las divisiones y redondear bien. Pegarlos debajo de las botamangas.

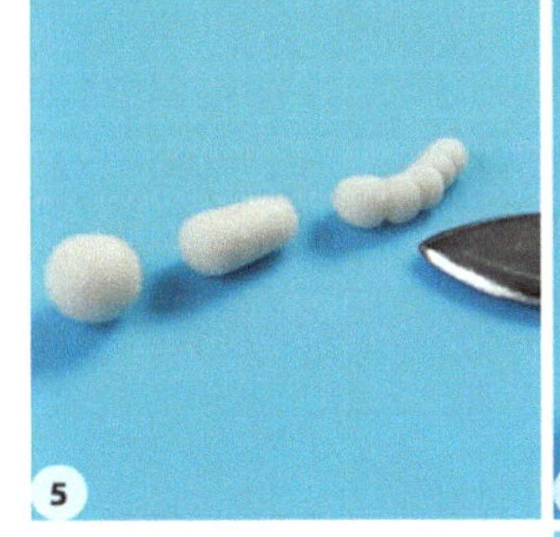

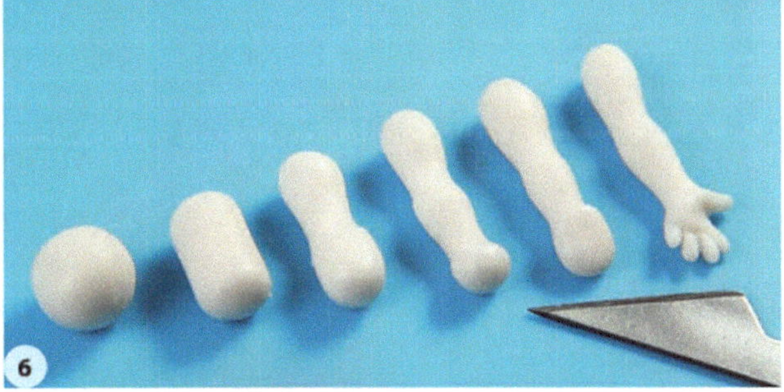

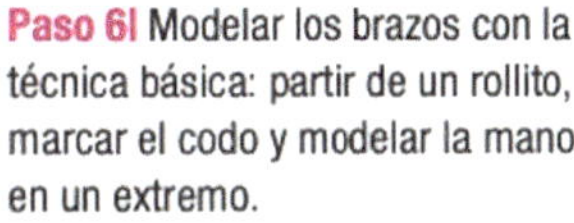

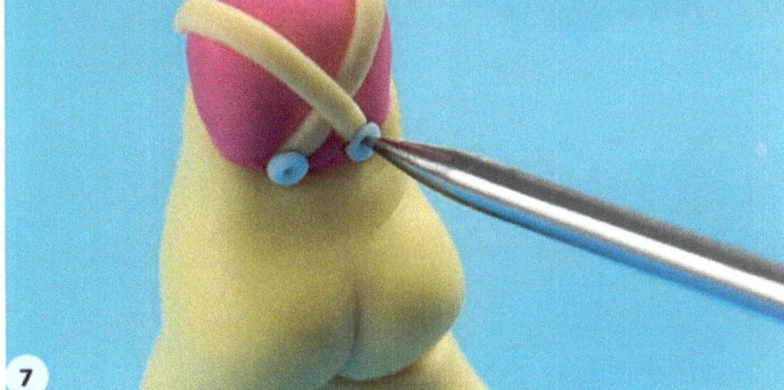

Paso 6I Modelar los brazos con la técnica básica: partir de un rollito, marcar el codo y modelar la mano en un extremo.

Paso 7I Cruzar los tiradores por la espalda y colocar un botón en cada uno.

Paso 8| Estirar masa del color de la remera, cortar dos pequeños rectángulos y colocarlos en los hombros para simular las mangas cortas de la remera.

Paso 9| Pegar los brazos al cuerpo con cola vinílica, dándoles el movimiento deseado.

Paso 10| Modelar la cabeza con la técnica básica, pegarle orejitas, marcarle la boca y hundir las comisuras con un bolillo para darle forma a las mejillas.

Paso 11| Pegar la cabeza al cuerpo con un palillo de madera.

Paso 12| Modelar una trenza partiendo de tres rollitos inclinados.

Paso 13| Colocar un casquito de pelo desde atrás hacia adelante hasta que llegue a las orejas y texturarlo con una esteca de filo hacia el punto donde se colocará la trenza.

Paso 14| Pegar la trenza con cola vinílica en la cabeza.

Paso 15| Una vez seco el trabajo, dibujar los ojos con los marcadores.

Paso 16| Finalmente, realizar diferentes accesorios con moldes de caucho.

Sofisticación

Una dulce caramelera hecha carroza, perfecta para decorar una mesa dulce y entregar como recuerdo.

Paso 1| Hacer dos rollitos y enroscar uno de los extremos para simular las ruedas.

Paso 2| Enroscar el otro extremo y darle brillo con el polvo tonalizador.

Paso 3| Una vez seco, agujerear con ayuda del barreno.

Paso 4| Estirar masa y forrar el palito de brochette.

Paso 5| Pinchar el palillo en el centro de la rueda.

Paso 6| Decorar el centro de la rueda con un botoncito realizado con el molde de silicona.

Paso 7| Estirar masa y cortar un círculo con un cortante. Para este trabajo se utilizó un fanal de vidrio.

Paso 8| Pegar el círculo en la base del fanal con cola vinílica.

Paso 9| Encastrar el fanal en el centro de las ruedas.

Paso 10| Adherir un rollito de masa en el frente de la carroza para simular la ventana.

Paso 11| Estirar y cortar las cortinas con un cortante de hojas, marcar arrugas con una esteca.

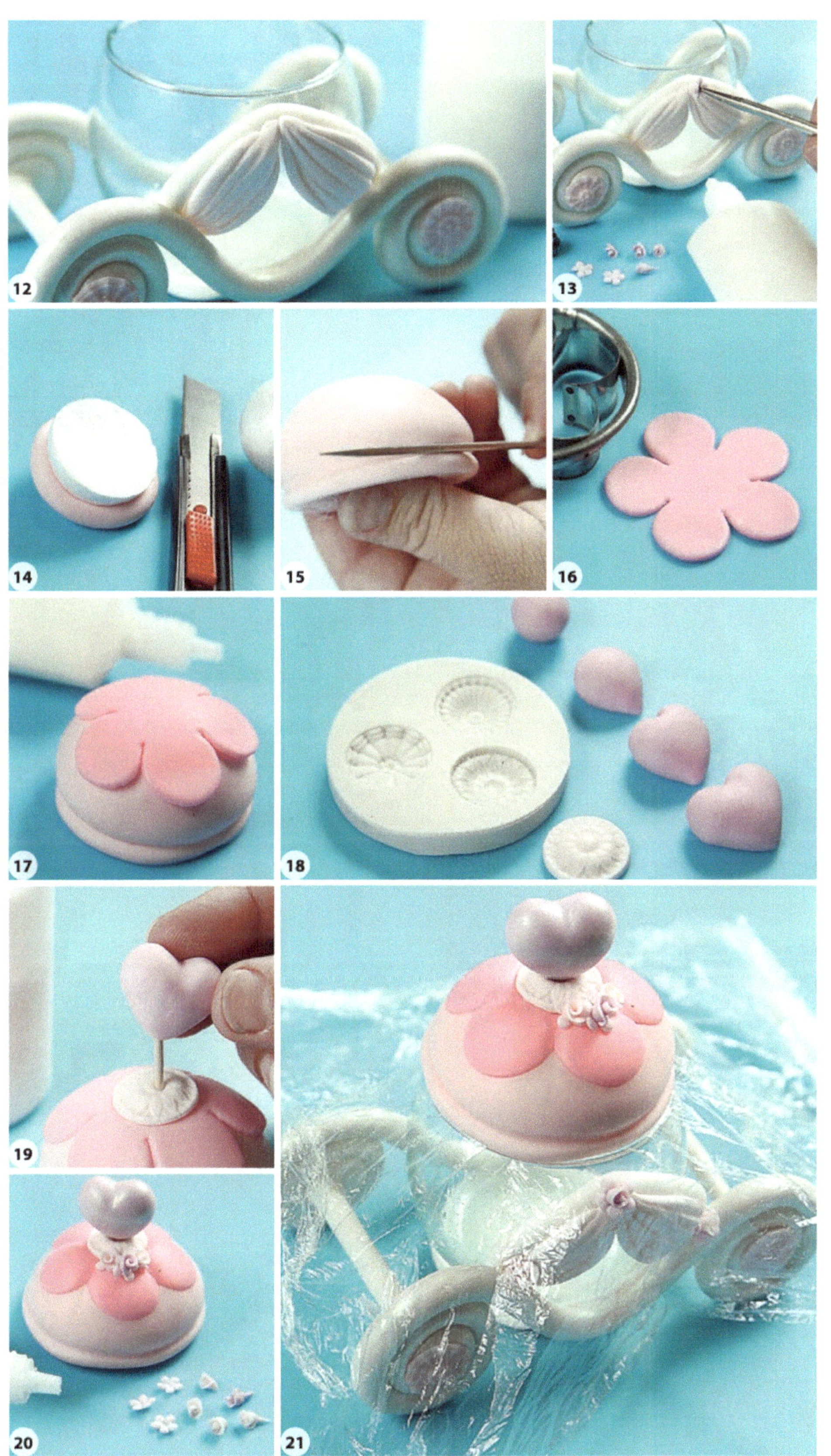

Paso 12| Pegar las cortinas sobre el rollito que simula la ventana con cola vinílica.

Paso 13| Realizar varias flores y pegarlas sobre la cortina para decorar.

Paso 14| Para formar la tapa, forrar media esfera de telgopor.

Paso 15| Remarcar la parte inferior con una esteca y redondear bien los filos.

Paso 16| Cortar una flor con un cortante.

Paso 17| Pegar la flor en la parte superior de la tapa con cola vinílica.

Paso 18| Realizar un botón con un molde de silicona y modelar un corazón gordito.

IMPORTANTE

Dejar orear el corazón antes de pegarlo.

Paso 19| Pegar el botón en la parte superior de la tapa y el corazón con cola vinílica.

Paso 20| Decorar la tapa con flores.

Paso 21| Colocar papel film en el borde superior del fanal y colocar sobre el mismo la tapa para dejarla secar evitando así que se pegue al borde.

Profesora | **Mariana Serantes**

Futboleros

Una copa del mundo que queda de recuerdo para el cumpleañero, con unos espectaculares llaveros con camisetas de fútbol para entregar como souvenirs a los invitados.

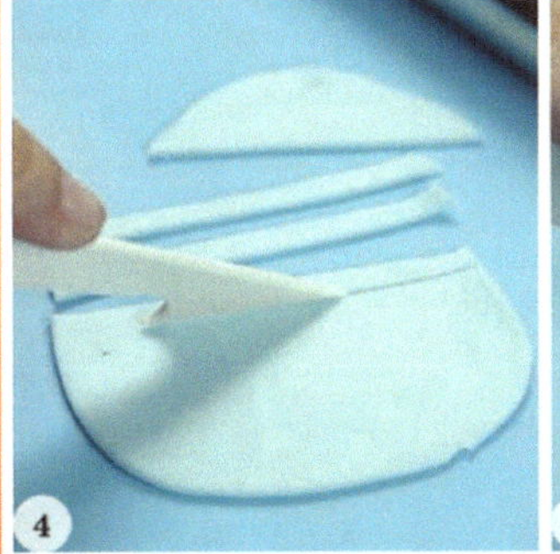

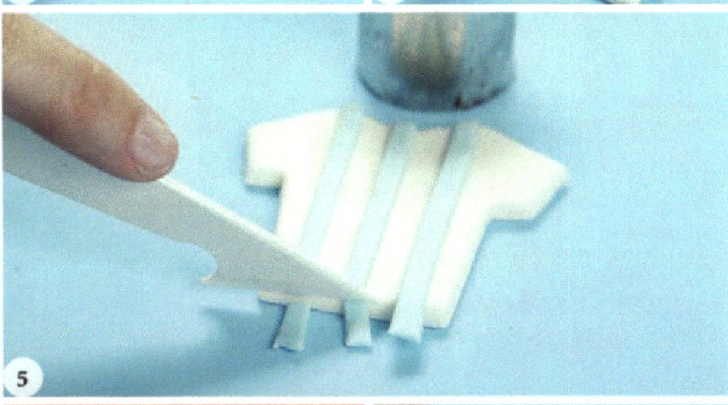

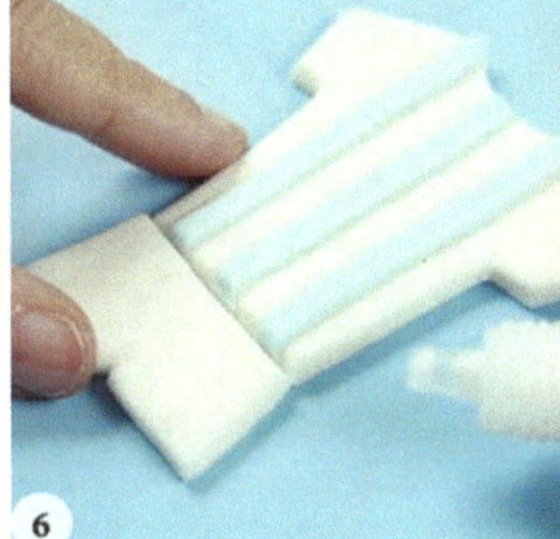

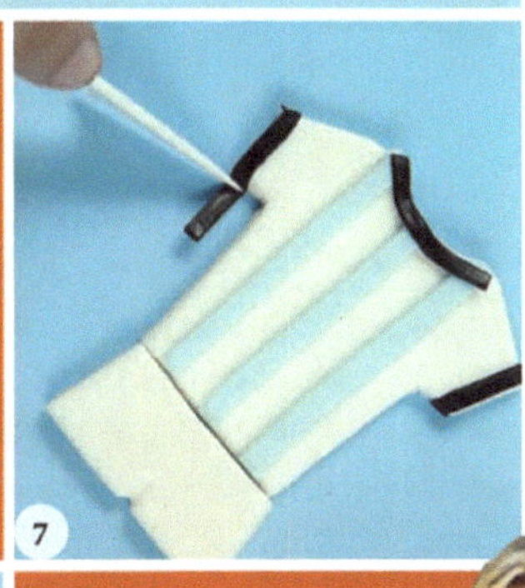

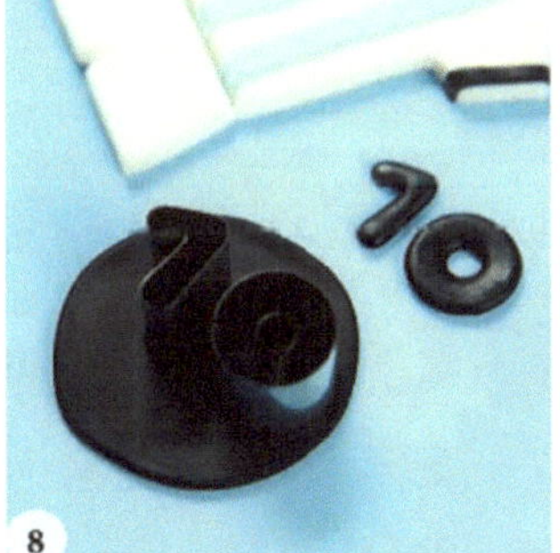

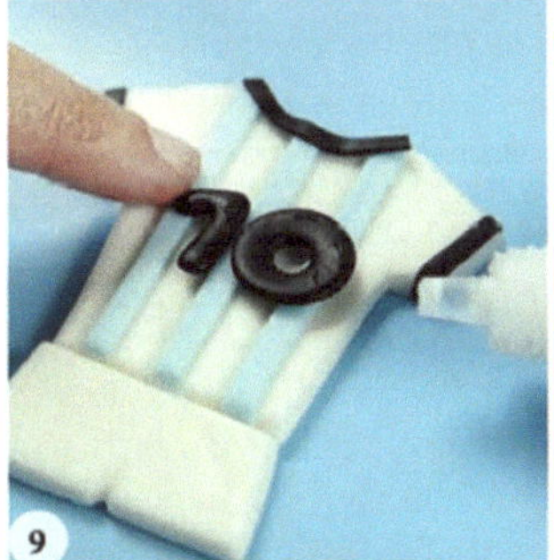

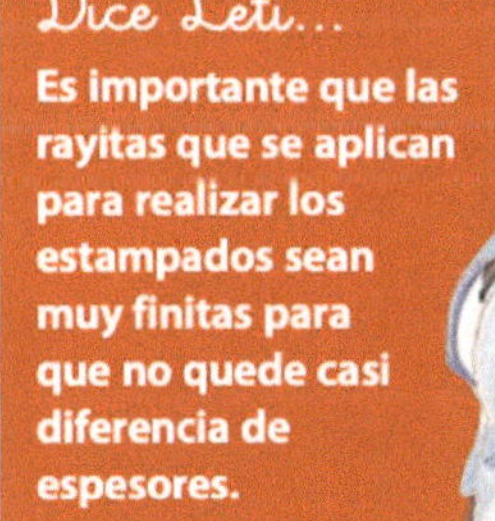

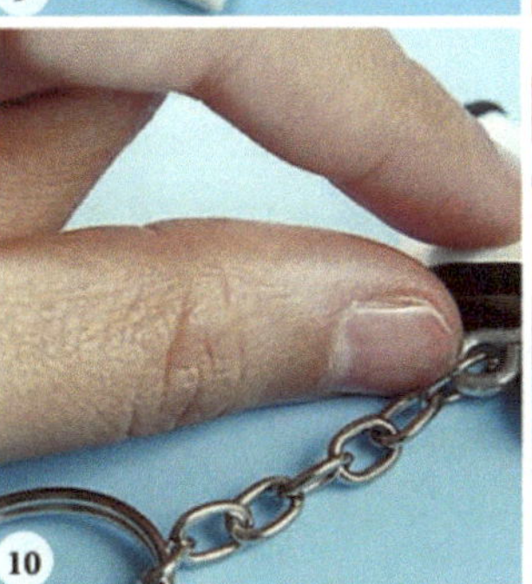

MATERIALES

- Porcelana fría: 200 g para la docena de souvenirs
- Colorantes para porcelana fría
- Estecas
- Cola vinílica
- Toallitas húmedas
- Palo de amasar
- Cartón grueso
- Cortantes de números
- Pitones cerrados
- Cadenitas para llavero
- Cinta de gross

PASO 1 • Recortar en cartón los moldes de camiseta y pantaloncito.

PASO 2 • Estirar masa de 5mm y cortar la camiseta, alisar con las yemas de los dedos.

PASO 3 • Realizar lo mismo con el short.

PASO 4 • Aparte, estirar masa y cortar las rayitas del estampado de la camiseta.

PASO 5 • Colocar las tiritas sobre la camiseta aún fresca. Cortar los excedentes.

PASO 6 • Unir las partes aún frescas.

PASO 7 • Estirar masa negra y cortar tiritas para las terminaciones del cuello y mangas. Cortar el excedente con una esteca.

PASO 8 • Volver a estirar masa y cortar los números con cortantes.

PASO 9 • Pegar los números con cola vinílica pero dejar orear previamente.

PASO 10 • Insertar un pitón cerrado y luego, la cadenita de llavero en el mismo.

PASO 11 • Opción con cinta de gross.

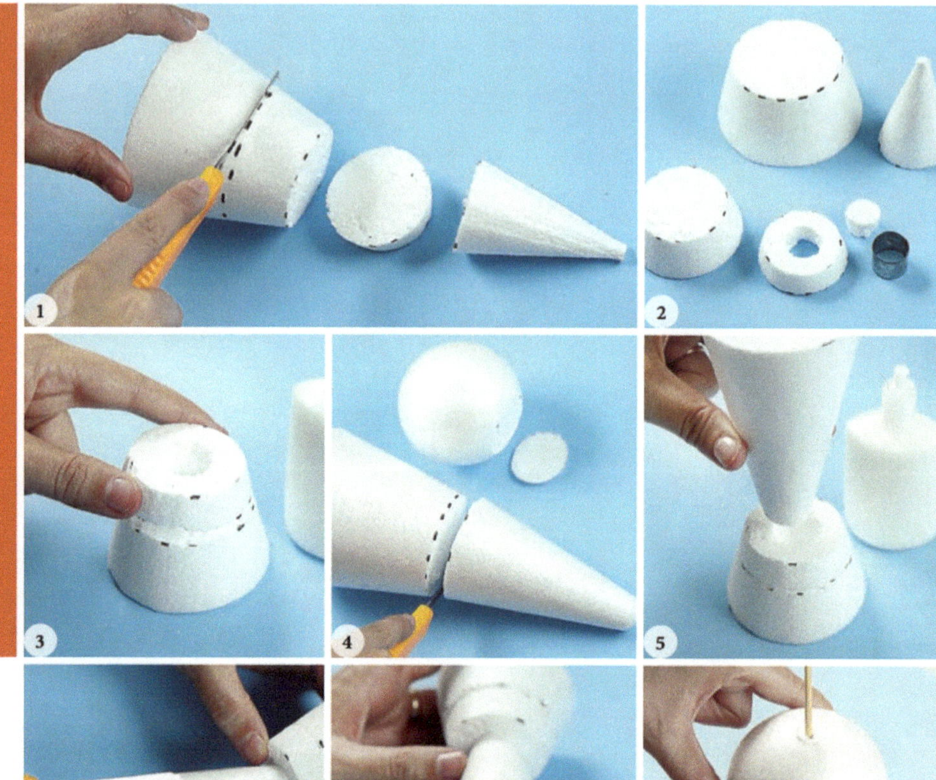

PASO 1 • Marcar las piezas de telgopor por las lineas punteadas y cortar con el cúter.

PASO 2 • Calar el centro de la pieza de menos diámetro con el cortante haciendo presión con el mismo (la base y la punta del cono se descartan).

PASO 3 • Pegar ambas partes con cola vinílica.

PASO 4 • Cortar el cono de 20 por la línea de puntos (10 cm desde la punta de cono). Cortar una pequeña porción de la esfera.

PASO 5 • Pegar el extremo del cono cortado desde la punta a las piezas trabajadas anteriormente.

PASO 6 • Realizar un corte recto sólo en la mitad de la parte ancha del cono. Luego, un corte a 45°; repetir otro corte a 45° del otro lado para obtener la cuña perfecta.

PASO 7 • Cortar el filo de la base del cono como un bisel.

PASO 8 • Atravesar un palito de brochette en la esfera y a su vez en la estructura de la base.

PASO 9 • Estirar masa natural de 1 cm aproximadamente y pegar con cola vinílica cubriendo la parte central de la estructura, dejando la parte de la cuña libre.

PASO 10 • Calar con el cortante 8 una pequeña porción de los laterales y la parte de atrás.

PASO 11 • Marcar con un gancho grueso líneas imitando un triángulo en cada curva calada.

PASO 12 • Suavisar las marcas de la esteca para que no queden escalones.

PASO 13 • Modelar con formas simples una figura humada básica.

PASO 14 • Pegar la figura sobre la cuña con los brazos hacia arriba y las piernas hacia el costado izquierdo.

PASO 15 • Estirar masa siena natural de 2 mm.

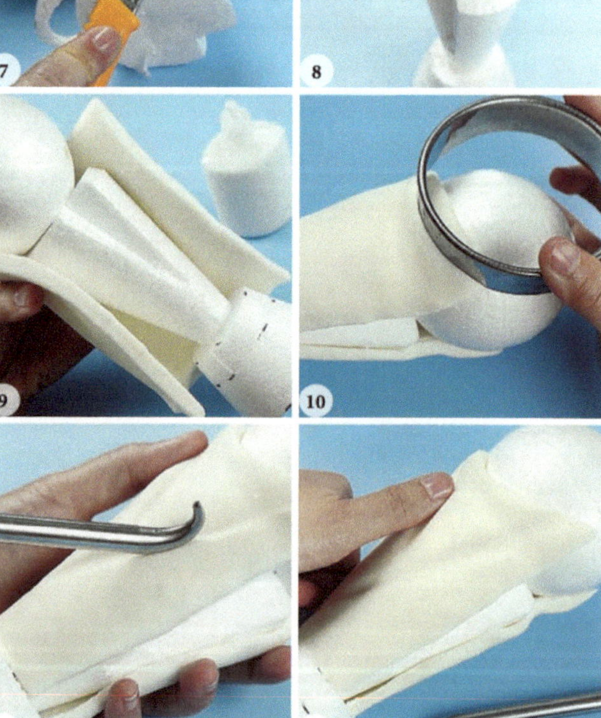

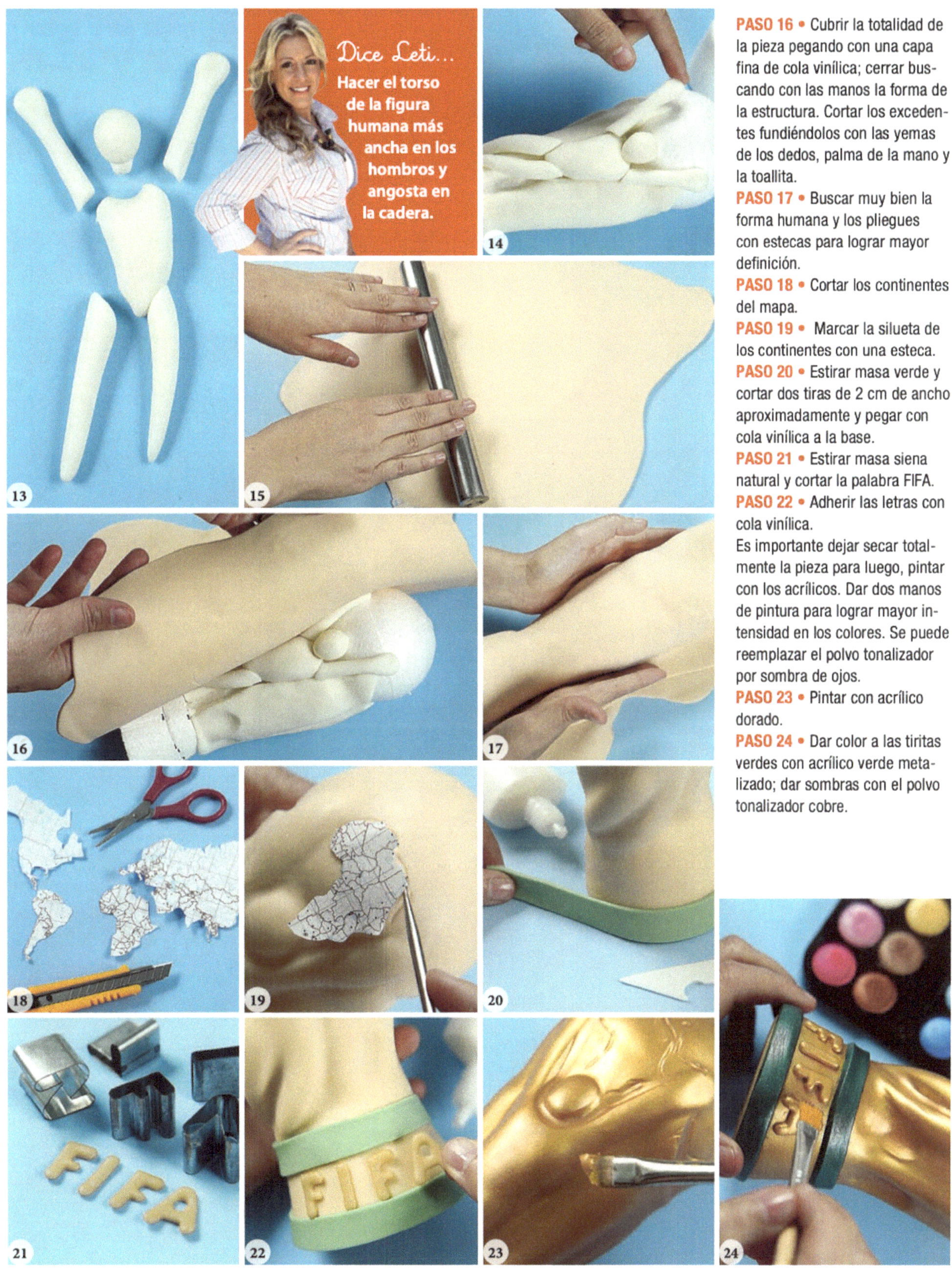

PASO 16 • Cubrir la totalidad de la pieza pegando con una capa fina de cola vinílica; cerrar buscando con las manos la forma de la estructura. Cortar los excedentes fundiéndolos con las yemas de los dedos, palma de la mano y la toallita.

PASO 17 • Buscar muy bien la forma humana y los pliegues con estecas para lograr mayor definición.

PASO 18 • Cortar los continentes del mapa.

PASO 19 • Marcar la silueta de los continentes con una esteca.

PASO 20 • Estirar masa verde y cortar dos tiras de 2 cm de ancho aproximadamente y pegar con cola vinílica a la base.

PASO 21 • Estirar masa siena natural y cortar la palabra FIFA.

PASO 22 • Adherir las letras con cola vinílica.

Es importante dejar secar totalmente la pieza para luego, pintar con los acrílicos. Dar dos manos de pintura para lograr mayor intensidad en los colores. Se puede reemplazar el polvo tonalizador por sombra de ojos.

PASO 23 • Pintar con acrílico dorado.

PASO 24 • Dar color a las tiritas verdes con acrílico verde metalizado; dar sombras con el polvo tonalizador cobre.

Niña maravilla

Preciosa imagen de una niña jugando a la heroína de historietas, llena de detalles y color. ¡Lista para utilizar como adorno para la torta de cumpleaños!

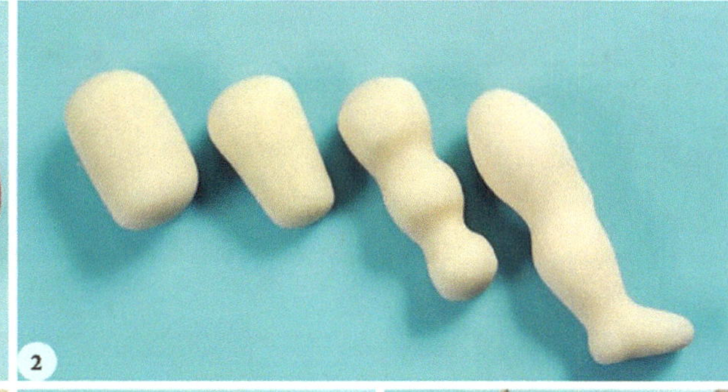

MATERIALES

- **Porcelana fría: 800 g**
- **Esferas de telgopor: N° 4 y N° 5**
- **Témperas: naranja flúo, rojo, amarillo, azul, negro y blanco**
- **Estecas y bolillos**
- **Cola vinílica**
- **Palo de amasar**
- **Toallitas húmedas**
- **Marcadores**
- **Pincel**
- **Pintura acrílica dorada**
- **Base de telgopor**
- **Cúter**
- **Cortantes redondos y estrellas**
- **Palitos de brochette**
- **Esponja para pintar**

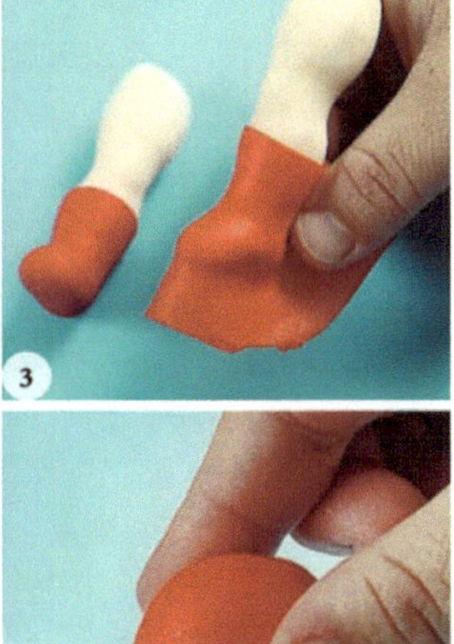

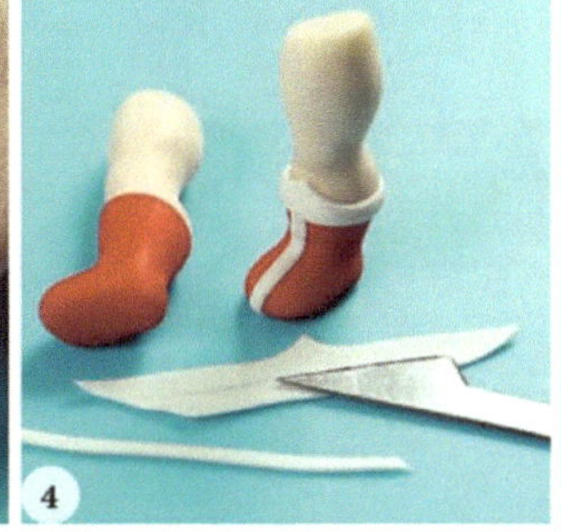

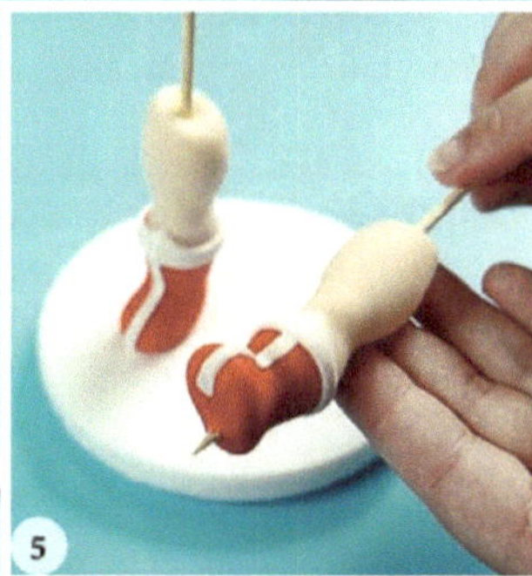

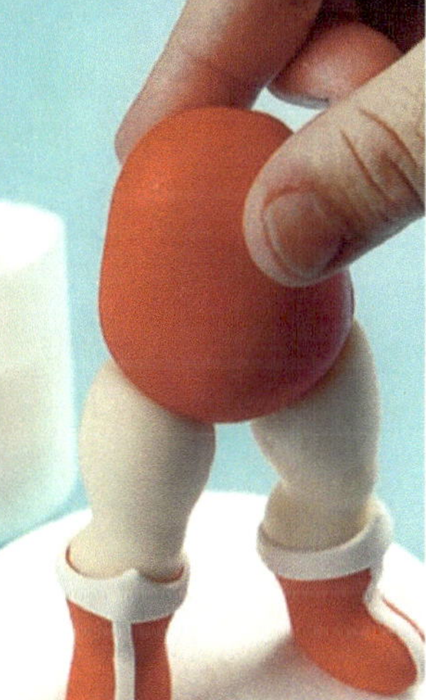

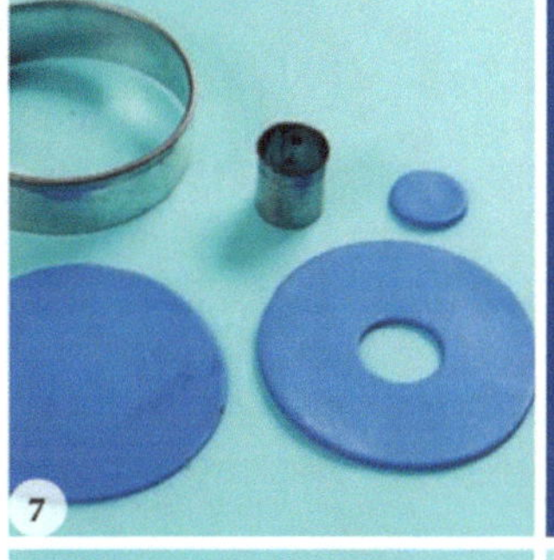

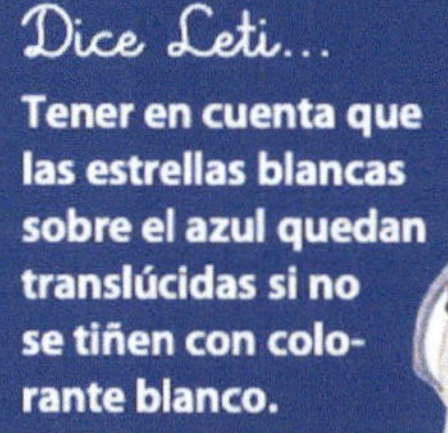

Dice Leti...

Tener en cuenta que las estrellas blancas sobre el azul quedan translúcidas si no se tiñen con colorante blanco.

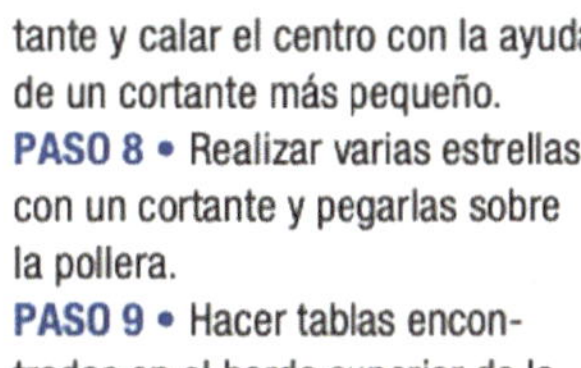

PASO 1 • Para el cuerpo, forrar una esfera con prolongación.

PASO 2 • Modelar la pierna partiendo de un rollito inclinado, dividir en tres partes y en la de menor tamaño dar forma de pie.

PASO 3 • Para las botas, estirar masa bien fina y forrar la parte inferior de la pierna junto con el pie de adelante hacia atrás.

PASO 4 • Estirar masa y cortar una cinta bien finita de color blanco para decorar la bota.

PASO 5 • Clavar las piernas al telgopor con un palillo de brochette.

PASO 6 • Pegar las piernas al cuerpo con cola vinílica.

PASO 7 • Estirar masa para la pollera, cortar un círculo con un cortante y calar el centro con la ayuda de un cortante más pequeño.

PASO 8 • Realizar varias estrellas con un cortante y pegarlas sobre la pollera.

PASO 9 • Hacer tablas encontradas en el borde superior de la pollerita.

PASO 10 • Adherir la pollerita al cuerpo.

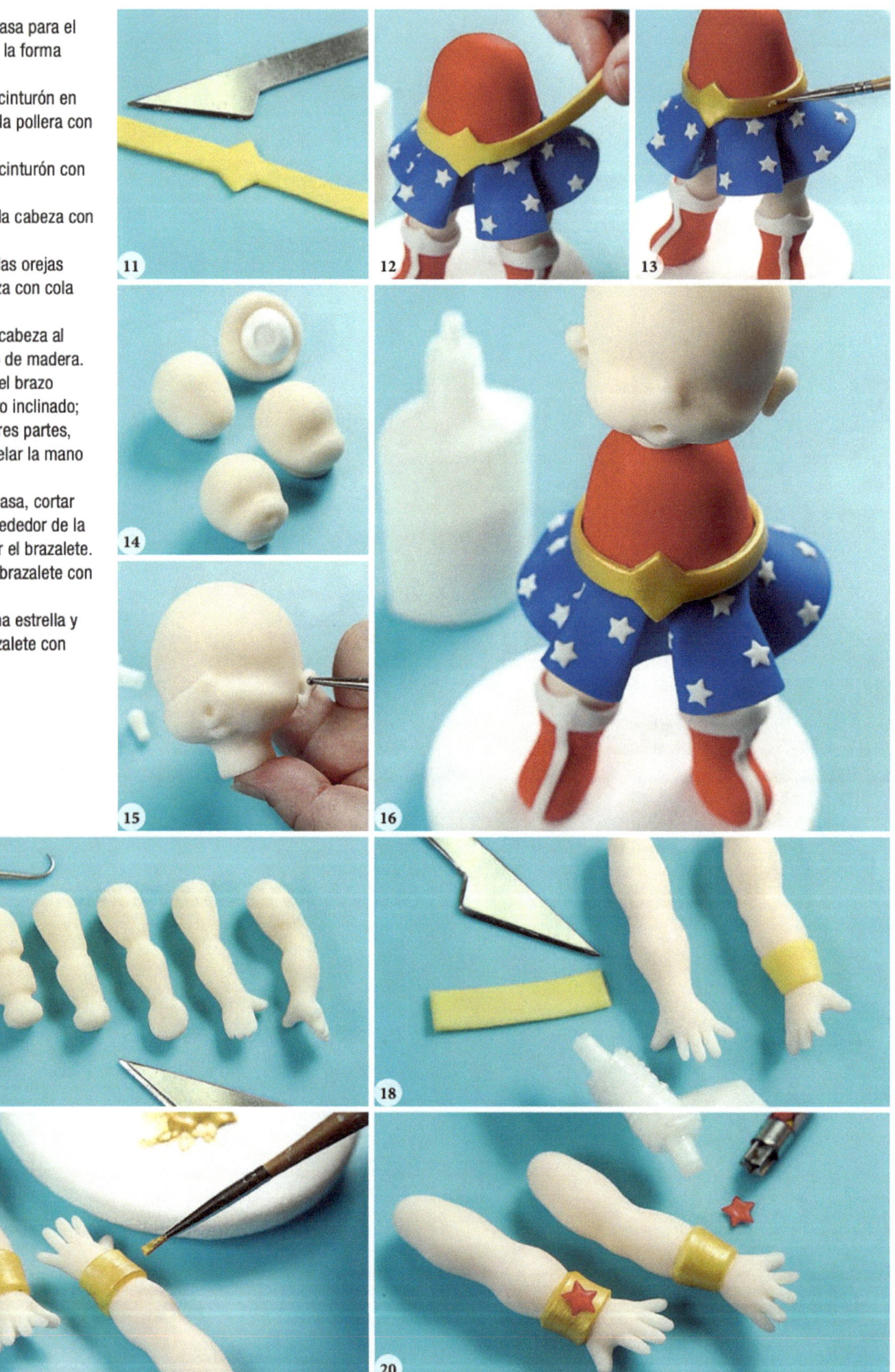

PASO 11 • Estirar masa para el cinturón y cortar con la forma deseada.

PASO 12 • Pegar el cinturón en el borde superior de la pollera con cola vinílica.

PASO 13 • Pintar el cinturón con acrílico dorado.

PASO 14 • Modelar la cabeza con la técnica básica.

PASO 15 • Realizar las orejas y pegarlas a la cabeza con cola vinílica.

PASO 16 • Pegar la cabeza al cuerpo con un palillo de madera.

PASO 17 • Modelar el brazo partiendo de un rollito inclinado; dividir el mismo en tres partes, en una de ellas modelar la mano básica.

PASO 18 • Estirar masa, cortar una cinta y pegar alrededor de la muñeca para simular el brazalete.

PASO 19 • Pintar el brazalete con acrílico dorado.

PASO 20 • Cortar una estrella y pegarla sobre el brazalete con cola vinílica.

PASO 21 • Pegar los brazos al cuerpo con cola vinílica dándoles el movimiento deseado.

PASO 22 • Para la vincha, estirar masa y cortar la forma deseada. Pintarla con acrílico dorado y decorar con una estrella.

PASO 23 • Fijar la vincha sobre la cabeza con cola vinílica.

PASO 24 • Para el pelo, modelar varias lagrimitas largas y enrular las puntas.

PASO 25 • Pegar los pelos sobre la cabeza con cola vinílica dándoles el movimiento deseado.

PASO 26 • Fundir la unión con la ayuda de las toallitas húmedas y texturar con una esteca.

PASO 27 • Pintar los ojos con los marcadores, dibujar las cejas y colocar rubor en las mejillas.

PASO 28 • Para la base, cortar el telgopor con forma de estrella.

PASO 29 • Forrarla de ambos lados.

PASO 30 • Esponjear con acrílico dorado.

PASO 31 • Pegar la muñeca a la base con cola vinílica.

Profesora | **Alejandra Domínguez**

Angelitos

Un conjunto de angelitos súper simpáticos enmarcados por el arco iris para utilizar como adorno y souvenirs en un bautismo.

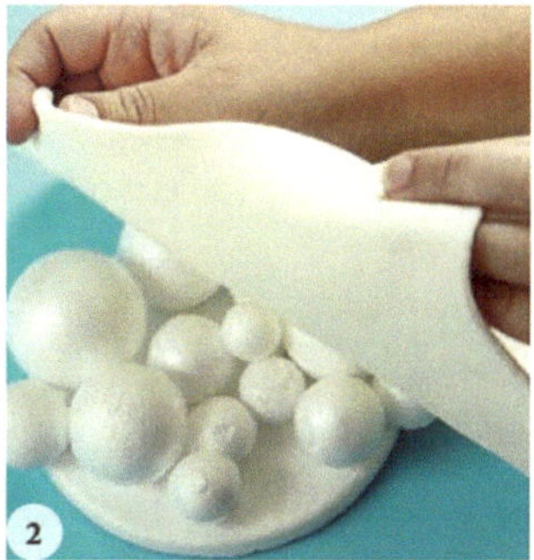

MATERIALES

Arco iris
- Porcelana fría 1,5 kg
- Esferas de telgopor: N° 6, N° 5, N° 4, N° 3, N° 2 y N° 1
- Témperas: amarilla, rosa, celeste, naranja flúo, lila, marrón, rojo flúo, verde flúo y celeste flúo
- Estecas y bolillos
- Cola vinílica
- Palo de amasar
- Toallitas húmedas
- Tiza pastel o polvo tonalizador
- Palillos
- Fibras
- Base de tegopor
- Cortante de alas

Souvenirs
- Porcelana fría: 150 g (para cada uno)
- Esfera N° 3
- Témperas: rosa, celeste, blanca naranja flúo, amarillo y marrón
- Esteca y bolillo
- Cola vinílica
- Polvos tonalizadores

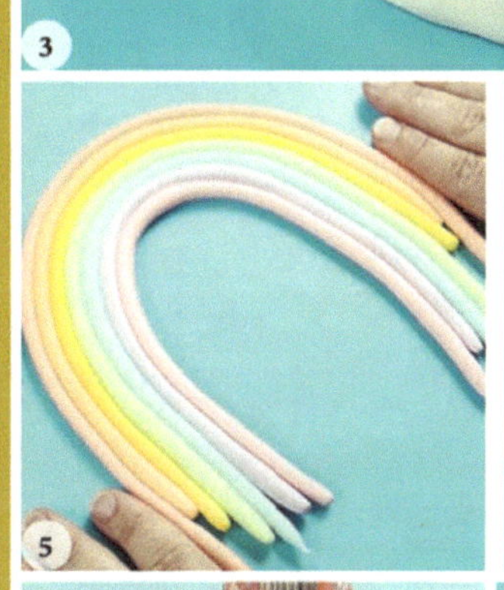

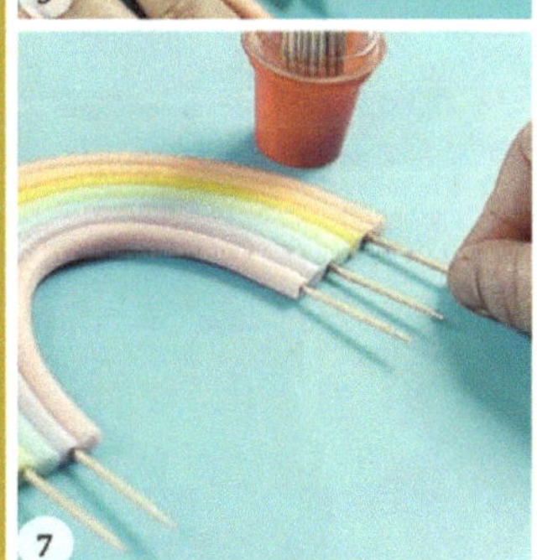

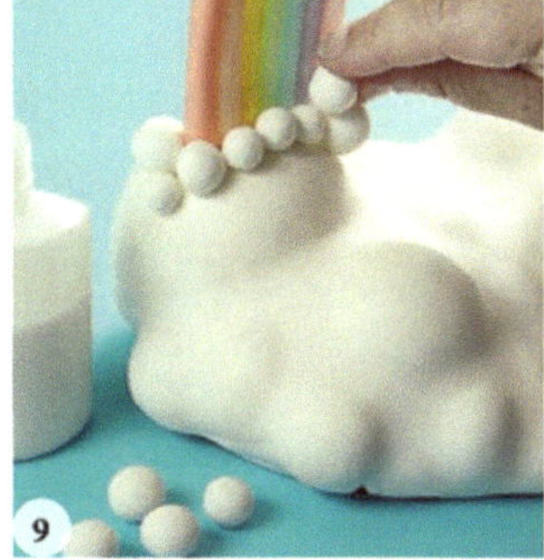

PASO 1 • Para formar la nube, pegar esferas de diferentes tamaños sobre la base de telgopor.

PASO 2 • Estirar masa de color blanco para cubrir la parte superior.

PASO 3 • Presionar con la palma de la mano para que tome la forma de las esferas.

PASO 4 • Modelar varios rollitos de diferentes colores para formar el arco iris.

PASO 5 • Pegarlos entre sí con cola vinílica y darle forma de arco.

PASO 6 • Cortar los excedentes.

PASO 7 • Clavar varios palillos en los extremos y dejar secar bien.

PASO 8 • Pinchar el arco a la nube.

PASO 9 • Disimular la unión con bolitas de masa de diferentes tamaños.

PASO 10 • Modelar el cuerpo del ángel partiendo de una bolita, realizar un cono sin punta y aplanar.

PASO 11 • Realizar arrugas con una esteca.

PASO 12 • Para los bracitos, modelar dos rollitos inclinados, ahuecar la parte más ancha.

PASO 13 • Modelar las manos con la técnica básica.

PASO 14 • Pegar las manos a los bracitos, darle el movimiento deseado y marcar arrugas con la esteca.

PASO 15 • Realizar la cabeza con la técnica básica.

PASO 16 • Adherir la cabeza al cuerpo con un palillo de madera.

PASO 17 • Modelar las orejas y pegarlas a la cabeza con cola vinílica.

PASO 18 • Fijar los brazos al cuerpo con cola vinílica.

PASO 19 • Modelar un casquito para el pelo y colocarlo sobre la cabeza de atrás hacia adelante.

PASO 20 • Texturar con una esteca.

PASO 21 • Estirar masa y cortar las alas con el cortante y texturar con la esteca de punta curva.

PASO 22 • Pegar las alas al cuerpo con cola vinílica.

PASO 23 • Tonalizar con los polvos tonalizadores.

PASO 24 • Modelar varios corazones partiendo de una lágrima, dividir la parte superior a la mitad y redondear bien los filos.

PASO 25 • Pegar los corazones sobre la mano con cola vinílica y dibujar los ojos con los marcadores.

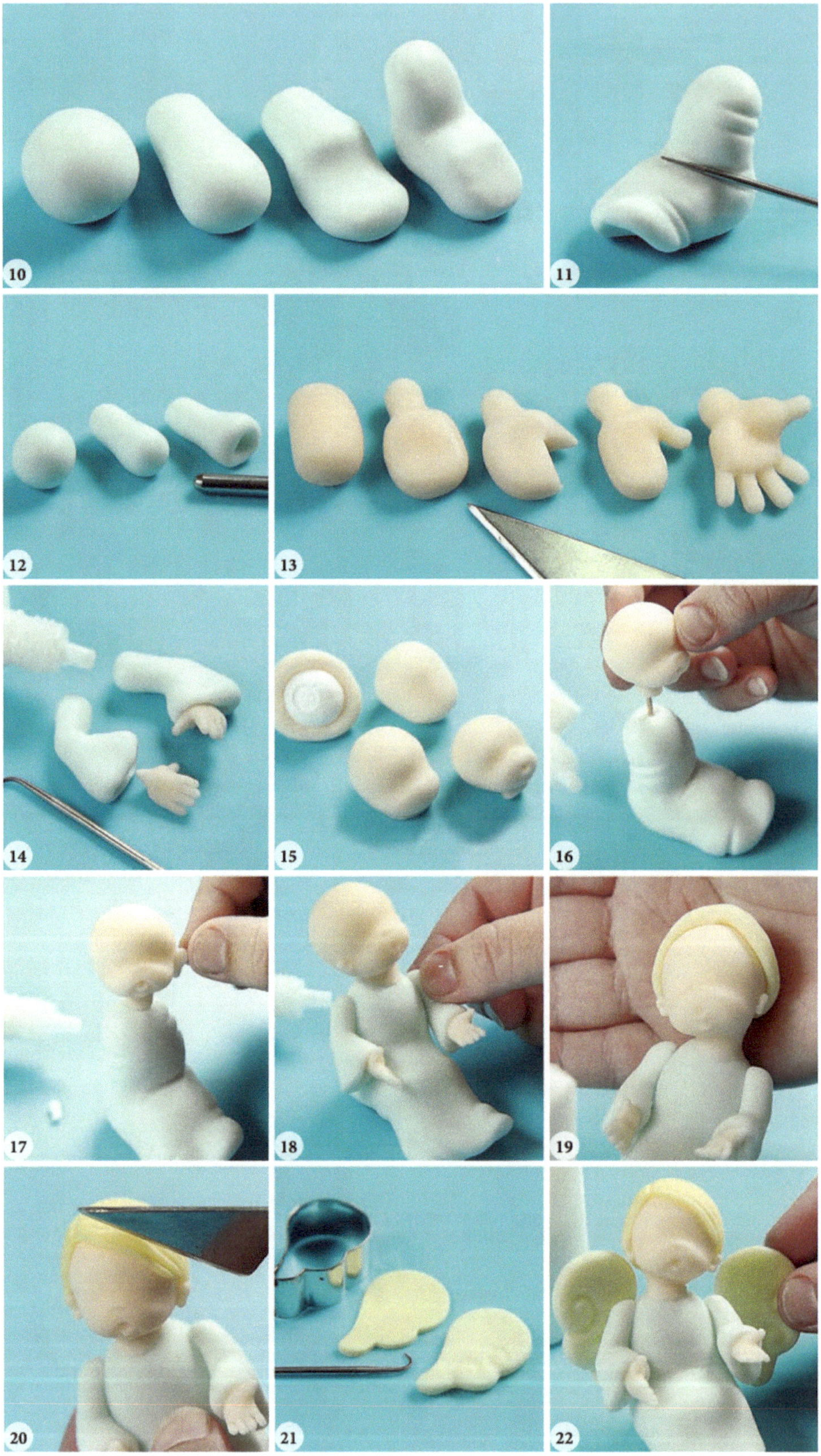

PASO 26 • Modelar el cuerpo de la angelita partiendo de un cono sin punta, darle base a la parte más ancha y buscar la cola en la mitad.

PASO 27 • Dibujar arrugas con una esteca sin filo.

PASO 28 • Realizar la cabeza con la técnica básica y pegarla al cuerpo con un palillo de madera.

PASO 29 • Hacer los brazos y las manos de la misma manera que los del varón y pegarlos al cuerpo con cola vinílica dándoles el movimiento deseado.

PASO 30 • Pegar las orejas a la cabeza. Modelar un casquito para el pelo y texturalo con una esteca.

PASO 31 • Hacer varias lagrimitas y darle movimiento para formar los rulos. Pegarlos sobre la frente y en la parte superior de la cabeza. Realizar las alas y los corazones de la misma manera que en el varón y dibujar los ojos con los marcadores.

PASO 32 • Para modelar un angelito en la posición parada, modelar un rollito inclinado, al mismo dar base y realizar las marcas necesarias para simular los pliegues de la túnica.

PASO 33 • Pegar los angelitos sobre la nube con cola vinílica y terminar de decorar colocando varios corazones sobre la nube.

PASO 34 • Para modelar la base de los souvenirs, partir de una bolita, aplanar y buscar varias bolitas en todo el contorno redondeando bien los filos con la yema de los dedos; colocar arriba una bolita de masa.

PASO 35 • Pegar el angelito sobre cada base de souvenirs.

PASO 36 • Para los angelitos en la posición sentada se deberá colocar una bolita de masa del mismo color de la nube para que quede sentado en la nube.

Profesora | **Adriana Garifo**

Recién nacido

Para decorar y destacar en los populares baby showers, gran variedad de souvenirs para regalar mientras esperamos la llegada del bebé.

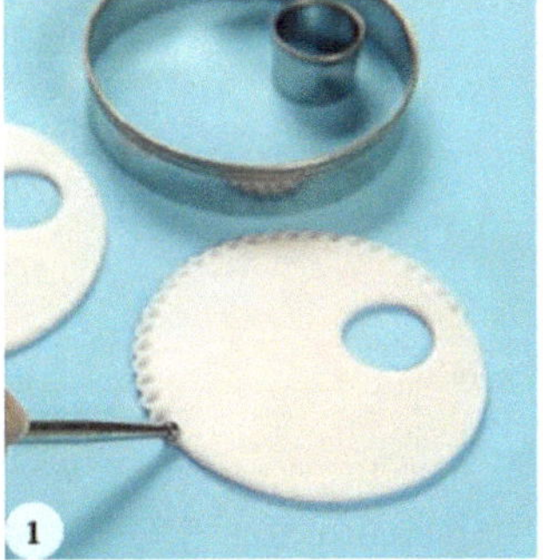

MATERIALES

- **Porcelana fría: 1,5 kg** (central y 6 souvenirs de cada modelo)
- **Colorantes: blanco, lila, rosa, verde, celeste y naranja**
- **Perlitas**
- **Estecas**
- **Cola vinílica**
- **Palo de amasar**
- **Esferas N° 2 para los chupetes**
- **Cortante de círculo de 6, 7 y 2 cm de diámetro**
- **Base de madera para el central de mamadera**

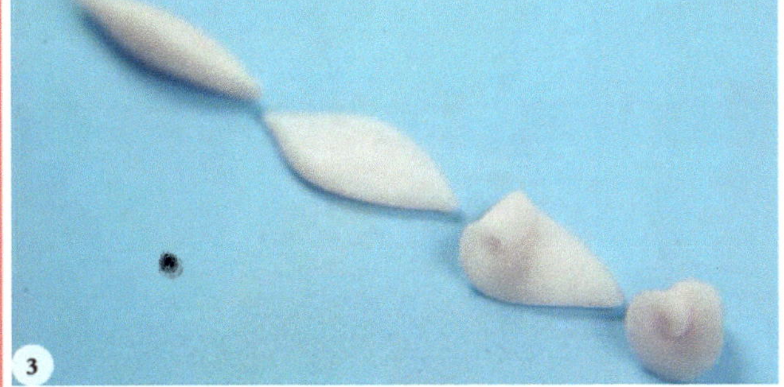

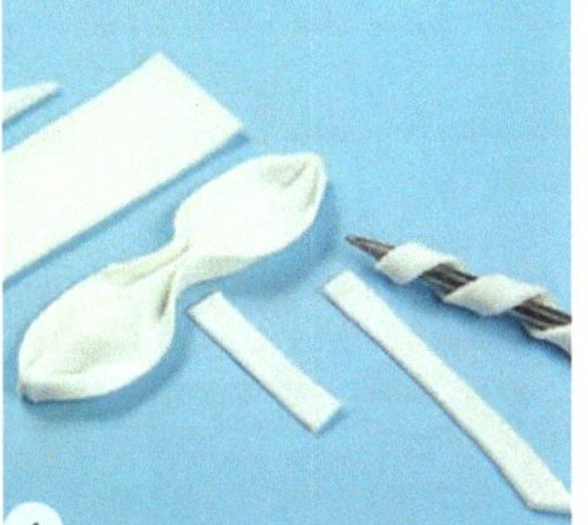

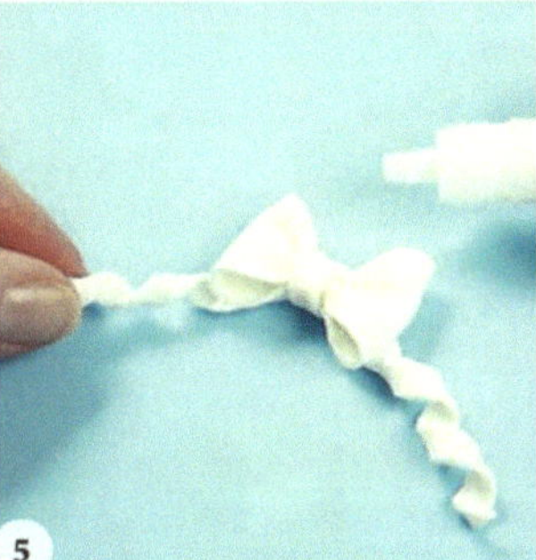

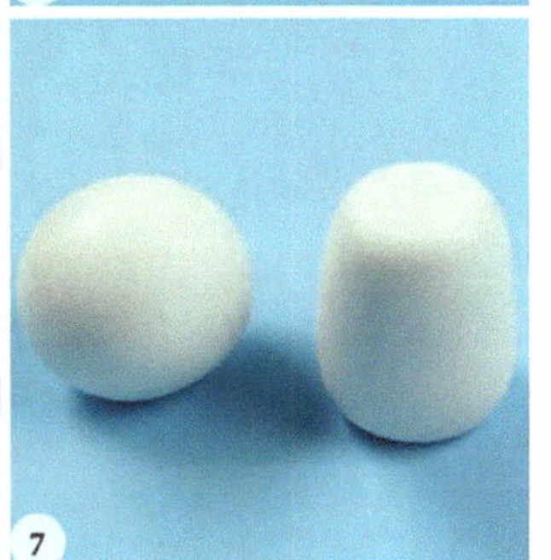

PASO 1 • Para los baberos, estirar masa fina. Cortar un círculo y dentro calar otro más pequeño para el cuello. Marcar onditas con el bolillo alrededor del círculo y en el cuello.

PASO 2 • Con una punta, realizar grupitos de tres puntitos como detalles decorativos.

PASO 3 • Modelar a mano rositas rococó. Hacer un rollito, afinar las puntas, aplanar y enroscar desde un extremo hasta completar todo el largo.

PASO 4 • Para el moño, estirar masa blanca, cortar un rectángulo; fruncir en el centro y en los extremos. Preparar los lazos enrulados y una tirita para asegurar el centro.

PASO 5 • Armar el moño llevando los extremos al centro. Pegar la

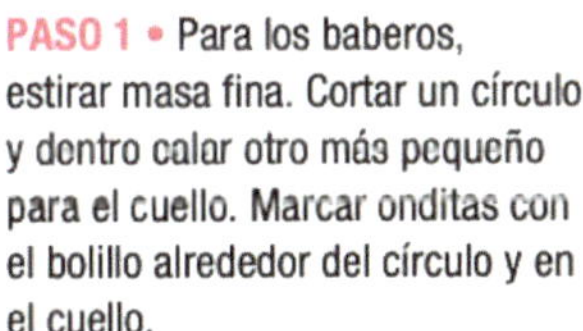

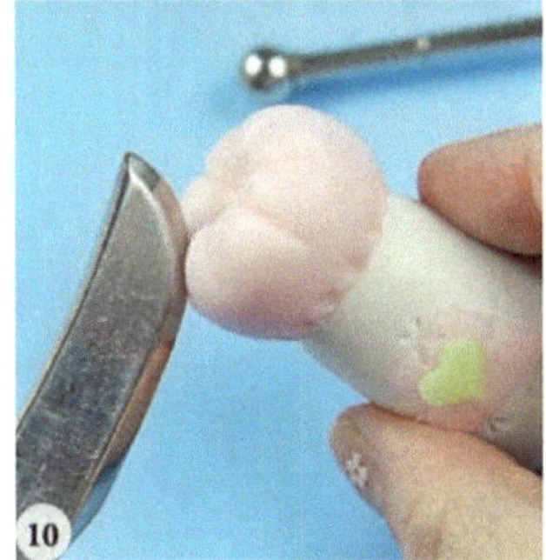

tirita sobre la unión y los lazos debajo del centro del moño.

PASO 6 • Pegar el moño al babero.

PASO 7 • Mamaderas: Modelar una bolita sin grietas y darle forma de rollito corto. Darle base para ubicarlas en posición vertical.

PASO 8 • Para el parche, estirar masa fina y cortar una forma irregular. Modelar un corazón (se puede cortar con cortante) y pegar

en el centro del parche. Adherir al cilindro y marcar costuritas.

PASO 9 • Para la rosquita, hacer una bolita y aplanar como una rueda; pegar al frasquito blanco con el parche y marcar onditas con bolillo en el sector de la unión de ambas partes.

PASO 10 • Hundir el centro de la rosquita con un bolillo grande y marcar divisiones todo alrededor.

PASO 11 • Para la tetina, hacer una perita color naranja muy suave partiendo de una bolita sin grietas. Pegar a la rosquita con cola vinílica.

PASO 12 • Marcar con una punta grupitos de tres puntitos en las partes de la rosca de manera intercalada.

PASO 13 • Para el chupete, partir de una bolita sin grietas, hacer un rollito y luego, afinar ambos extremos. Unirlos y con un bolillo marcar ondas en la parte baja. Completar la decoración con puntitos.

PASO 14 • Estirar masa blanca de 2 a 3 mm de espesor y cortar con un cortante de 6 cm de diámetro. Con un bolillo marcar onditas alrededor.

PASO 15 • Marcar flores con mini cortantes y puntitos con esteca de punta.

PASO 16 • Modelar la tetina forrando una esfera con prolongación.

PASO 17 • Cortar la base de la tetina.

PASO 18 • Pegar la tetina al aro blanco.

PASO 19 • Fijar a la manijita.

PASO 20 • Hacer un rollito y adherir tapando la unión de la tetina y el aro.

PASO 21 • Para el corazón, hacer una lagrimita; aplanar de forma bombé, dividir en la parte de la curva al centro y redondear el corte redondeando cada parte.

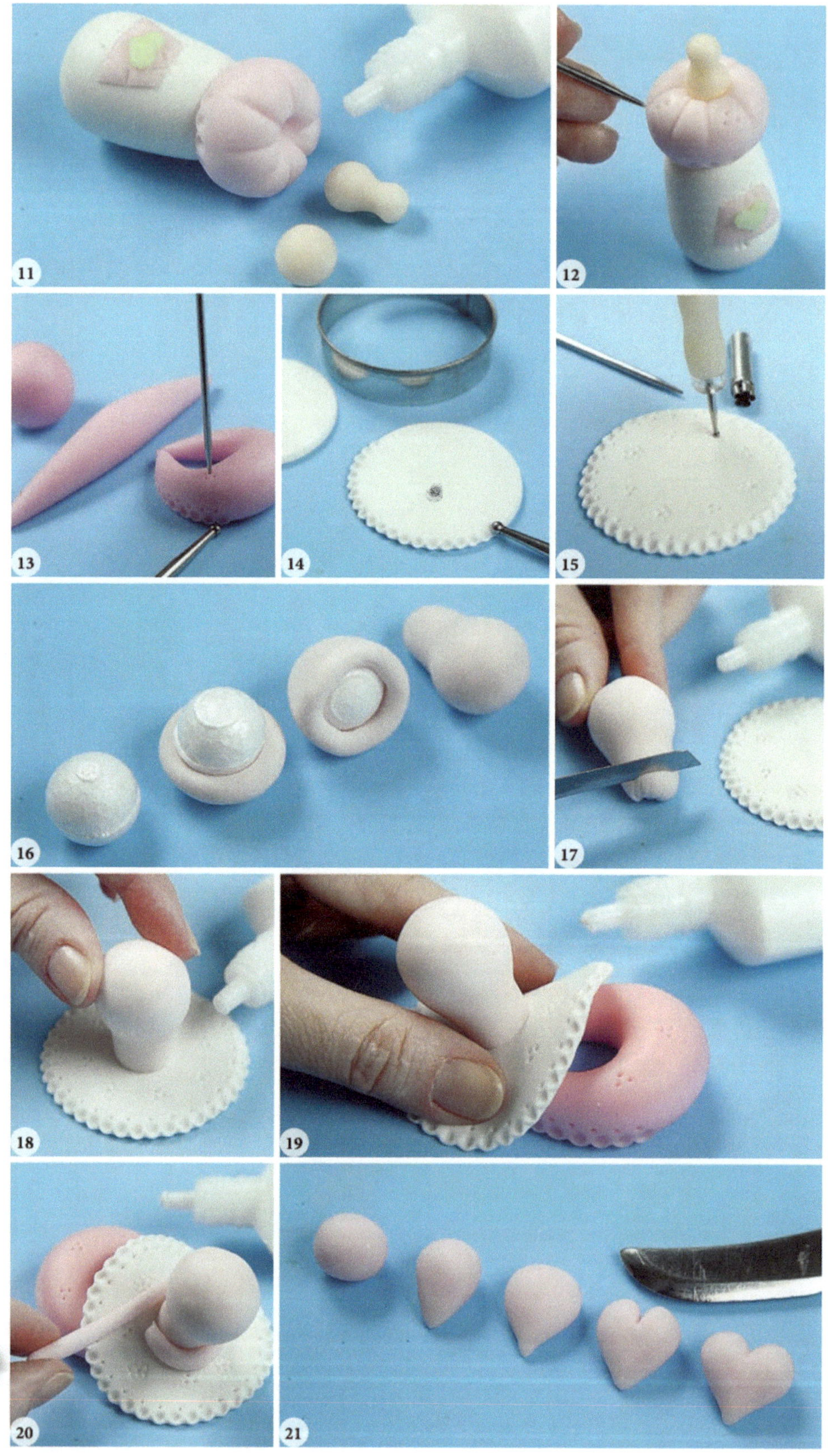

PASO 22 • Para las florcitas "nomeolvides", estirar masa fina, cortar con un minicortante de flor y en el centro ahuecar con un bolillo. Pegar una perlita.

PASO 23 • Decorar con corazón o "nomeolvides".

PASO 24 • Para los escarpines, partir de una bolita sin grietas, hacer una perita y marcar onditas en la base con un bolillo.

PASO 25 • Decorar con una hilera de puntitos.

PASO 26 • Marcar una flor con el minicortante de flor y colocar una perlita en el centro.

PASO 27 • Para la parte que cubre el tobillo, modelar una bolita y ahuecar en el centro.

PASO 28 • Marcar ondas con bolillo en la parte inferior y con una punta decorar con puntitos.

PASO 29 • Para el moño, hacer una bolita, dividir en el centro, dividir en dos partes cada extremo, aplanar un poco y marcar arrugas.

PASO 30 • Adherir dos escarpines juntos y aplicar los moños.

PASO 31 • Modelar dos bolitas y aplanar un poco. Marcar con un sello de diseño infantil en el centro.

PASO 32 • Aplicar a la base con cola vinílica.

NOTA: la mamadera central se realiza de la misma manera que los souvenirs. Se adhiere a una base de madera pintada de blanca y se decora con los botones decorados con los sellitos.

Mamá pata

Para decorar un evento donde los protagonistas son los más chiquititos.

MATERIALES

- Porcelana fría: 600 g
- Esferas de telgopor: N° 4 y N° 5
- Témperas: naranja flúo, amarilla y rosa
- Estecas y bolillos
- Cola vinílica
- Toallitas húmedas
- Palo de amasar
- Fibras
- Polvo tonalizador
- Cortante de flores
- Tul
- Base de telgopor
- Palito texturado para botones
- Hilo y aguja

Souvenirs

- Porcelana fría: 20 g (para cada uno)
- Témpera: naranja flúo, rosa y amarilla
- Estecas y bolillos
- Cucharas
- Cinta de organza
- Cortante de flor
- Ojos autoadhesivos

PASO 1 • Para el cuerpo, forrar la esfera con prolongación doble, terminar en punta para el sector de la cola y buscar un rollito, para el cuello en la parte superior.

PASO 2 • Modelar las patas partiendo de una bolita; dividir dejando una bolita en la punta, la cual se aplanará, se buscar el talón y una punta en el frente.

PASO 3 • Pegar las patas al cuerpo con cola vinílica.

PASO 4 • Para la cabeza, forrar una esfera con prolongación y dividir el sector de la frente del de los cachetes.

PASO 5 • Para el pico, hacer una bolita, afinar las puntas y dividir a la mitad.

PASO 6 • Adherir el pico a la cabeza con cola vinílica, marcar las comisuras y darle movimiento.

PASO 7 • Pegar la cabeza al cuerpo con cola vinílica.

PASO 8 • Para el tutú se deberá fruncir el tul utilizando hilo y aguja.

PASO 9 • Fijar el tutú al cuerpo uitlizando cola vinílica.

PASO 10 • Para las alas, partir de una bolita, afinar los extremos, aplanarlas, realizar dos cortes en uno de los extremos y redondear bien los filos con la yema de los dedos.

PASO 11 • Pegar las alas al cuerpo con cola vinílica dándole el movimiento deseado.

PASO 12 • Realizar varias florcitas con la ayuda del cortante y darle movimiento a los pétalos un bolillo.

PASO 13 • Pintar los ojos con los marcadores.

PASO 14 • Pegar las flores sobre la cintura con cola vinílica.

PASO 15 • Forrar la base de telgopor de ambos lados.

PASO 16 • Dibujar cuadrados con una esteca sin filo.

PASO 17 • Redondear bien los filos con la yema de los dedos y en la unión de cada vértice, realizar arrugas con la esteca de punta curva.

PASO 18 • Hundir en la unión de cada vértice con la ayuda de un bolillo.

PASO 19 • Colocar una bolita de masa de otro color y marcar con la punta del palito texturador.

PASO 20 • Darle luz a los ojos con la lapicera de gel blanca y colocar el rubor sobre los cachetes con el polvo tonalizador.

PASO 21 • Pegar el patito sobre la base con cola vinílica.

PASO 22 • Para los souvenirs, modelar una forma de perita para la cabeza, el pico de la misma manera que el modelo central y pegarlo sobre la cabeza con cola vinílica.

PASO 23 • Realizar una forma de perita para el cuerpo, dos rollitos con bolita en la punta para las patitas, aplanarlas y afinar la punta.

PASO 24 • Hacer las alitas de la misma manera que el modelo central.

PASO 25 • Adherir todas las partes del patito entre sí con cola vinílica.

PASO 26 • Pegar el pato en la parte superior de la cuchara.

PASO 27 • Se pueden utilizar dos opciones para los souvenirs, el patito completo o sólo la cabeza del mismo. Terminar estos souvenirs decorando con flores y cinta de organza.

Pura ternura

Una imagen perfecta, llena de dulzura, para decorar un bautismo o el primer añito de un niño.

MATERIALES

Adorno central
- Porcelana Fría: 500 g
- Esferas N° 4 y N° 5
- Témperas: naranja flúo y rosa bebé
- Colorantes: sambayón o amarillo de Nápoles
- Cortante redondo
- Palito de brochette
- Marcadores
- Cinta de organza rosa
- Campanita
- Cola vinílica
- Film
- Sorbete
- Rubor

Souvenirs
- Porcelana fría: 80 g
- Esferas N° 1 y 2
- Cortante redondo
- Cinta de organza
- Caireles, perlas, etc.
- Anillo para llavero
- Ojos autoadhesivos
- Rubor

PASO 1 • Para formar el cuerpo, forrar una esfera con prolongación.

PASO 2 • Texturar el cuerpo con un sorbete para simular la lana. Para texturar, primero cubrir la superficie con papel film.

PASO 3 • Para las patas, modelar un rollito con una bolita en la punta con masa de otro color diferente al del cuerpo.

PASO 4 • Aplanar la parte inferior, marcar la división de la pezuña y redondear bien los filos. Estirar masa de otro color, cortar un círculo con un cortante y pegarlo en la parte inferior para decorar.

PASO 5 • Presionar con una esfera el sector donde luego, irá pegado el cuerpo.

PASO 6 Pegar el cuerpo a las patas con cola vinílica.

PASO 7 • Para la cola, modelar una lágrima del color del cuerpo y texturar con el sorbete.

PASO 8 • Adherir la cola al cuerpo con cola vinílica.

PASO 9 • Para la cabeza, forrar una esfera con prolongación y dividir el sector de la frente del de las mejillas. Dividir el sector de las mejillas a la mitad con una esteca.

Dice Leti...
Tener en cuenta que no podemos apoyar la porcelana sobre la pasta para forrar tortas; hay que aislarla colocando goma eva o papel aluminio debajo del adorno de porcelana.

PASO 10 • Abrir la boca con un bolillo y colocar una bolita para la nariz.

PASO 11 • Para formar la lana de la cabeza, hacer una bolita y ahuecar con una esfera.

PASO 12 • Dejar secar la cabeza antes de colocar el casquito sobre la cabeza de atrás hacia adelante.

PASO 13 • Calar los lados con un cortante redondo dejando una punta en el medio.

PASO 14 • Redondear bien los filos con la yema de los dedos.

PASO 15 • Texturar con el sorbete.

PASO 16 • Para los brazos, modelar un rollito con una bolita en la punta y colocar un círculo en la base con masa de otro color para decorar.

PASO 17 • Pegar la cabeza al cuerpo con un palillo de madera.

PASO 18 • Adherir los brazos al cuerpo con cola vinílica en la posición deseada.

PASO 19 • Para las orejas, realizar una lágrima, aplanar y ahuecar el centro con un bolillo. Colocar en el centro una lágrima más pequeña para decorar.

PASO 20 • Pegar las orejas a la cabeza con cola vinílica. Dibujar los ojos con los marcadores.

PASO 21 • Pegar un moño de cinta y una campana para decorar.

PASO 22 • Dibujar unos puntitos blancos en la base de las patitas y de los bracitos.

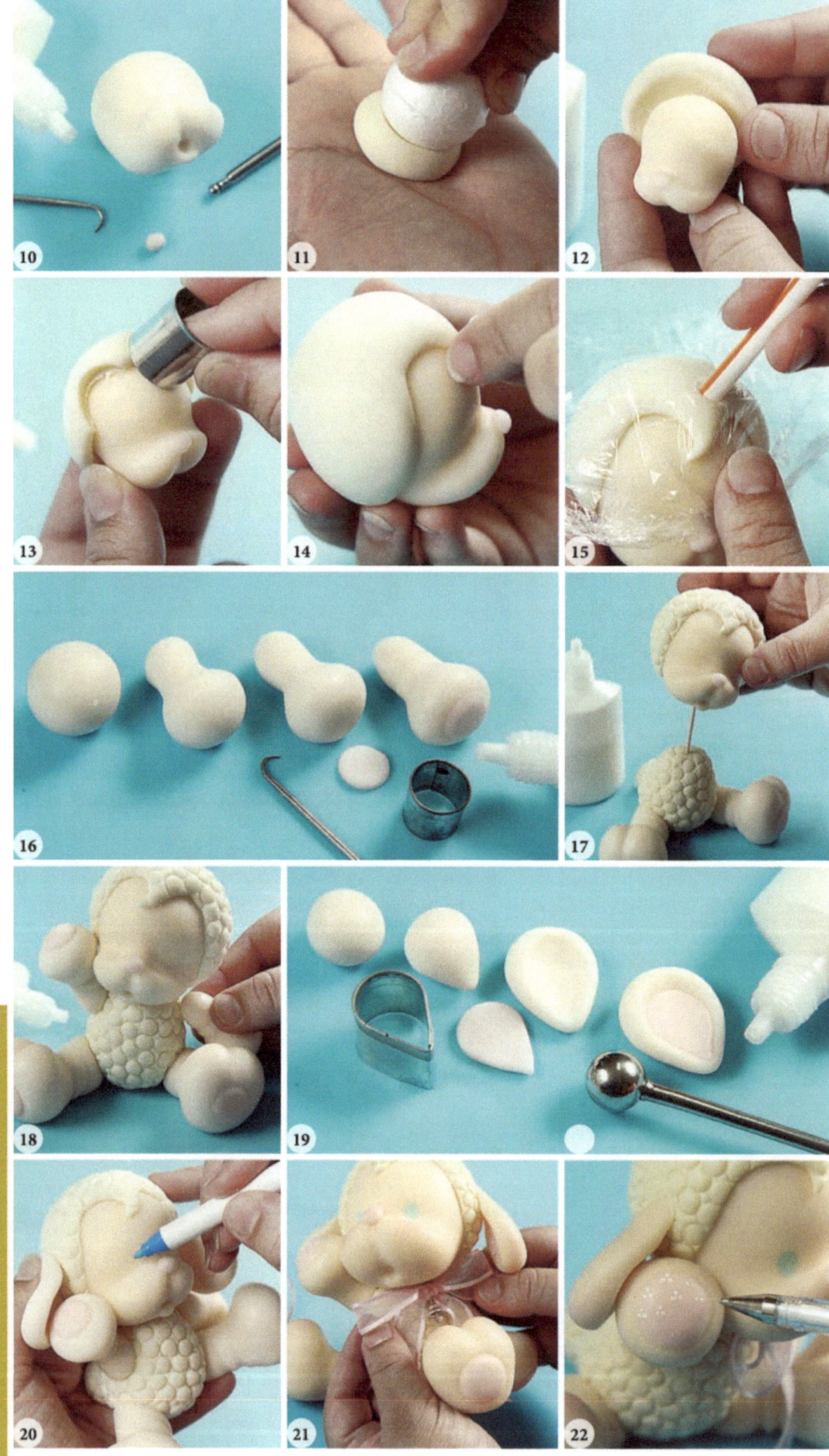